ANNE ELLI SETTGAST, ROBERTO HÜBNER, FLORIAN BRANDL, TILMAN VON BRAND

KOMMA, EY!

EIN ARBEITSHEFT ZUM ZEICHENSETZEN

Klett | Kallmeyer

Dieses Arbeitsheft bezieht sich inhaltlich auf den Comic
Tilman von Brand, Florian Brandl, Roberto Hübner, Anne Elli Settgast:
Komma, ey! Ein Comic, der Zeichen setzt
(ISBN 978-3-7727-1564-8)

Bibliografische Information der Deutschen Nationalbibliothek
Die Deutsche Nationalbibliothek verzeichnet diese Publikation in der Deutschen Nationalbibliografie; detaillierte bibliografische Daten sind im Internet über http://dnb.d-nb.de abrufbar.

Impressum

Anne Elli Settgast, Roberto Hübner, Florian Brandl, Tilman von Brand
Komma, ey!
Ein Arbeitsheft zum Zeichensetzen

1. Auflage 2021

Redaktion: Stefan Hellriegel, Berlin
Illustrationen: Florian Brandl
Realisation: Nicole Neumann
Druck: Beltz Grafische Betriebe, Bad Langensalza
Printed in Germany

ISBN: 978-3-7727-1568-6

INHALT

Herr Hobel hat sich viel Mühe gemacht und Arbeitsblätter mit Komma-Übungen für die einzelnen Schülerinnen und Schüler erstellt. So ist für jeden etwas Passendes dabei:

- **Alpha** verliert schnell die Lust und will es nicht gleich so schwer.
- **Conny** kann mehr, als sie selber ahnt, muss aber die Regeln zu ihrem Können noch lernen. Das Thema muss allerdings passen.
- **Der W.** hat es gern strukturiert und kann schon etwas schwerere Aufgaben lösen.
- **Cèdric** findet Regeln für das Setzen von Zeichen zwar unpoetisch, beherrscht sie jedoch einigermaßen gut.
- **Aishe** ist ein Profi und entwirft auch mal selbst Arbeitshefte für ihre Mitschülerinnen und Mitschüler, für die sich aber keiner interessiert. Am liebsten misst sie sich mit Hobel.
- **Herr Hobel** beherrscht die Zeichensetzung aus dem Effeff, aber an Aishes Aufgaben könnte er sich die Zähne ausbeißen ...

1 KOMMA BEI AUFZÄHLUNGEN

R1 Aufgezählt werden können
- einzelne Wörter (zum Beispiel Nomen, Adjektive, Verben)
- Satzteile
- Sätze

R2 Kein Komma steht, wenn Aufzählungen durch folgende Konjunktionen verbunden werden:
- *und*
- *oder*
- *beziehungsweise/bzw.*
- *sowie* (= *und*)
- *wie (auch)* (= *und*)
- *entweder … oder*
- *weder … noch / nicht … noch*
- *sowohl … als (auch) / sowohl … wie (auch)*

1.1 Arbeitsblatt für Conny

1 Setze Kommas an den richtigen Stellen.

1 Ich bin hübsch echt schlau und einfach wow.
2 Ich mag den Sommer Spanien die Sonne das Sofa und sonst noch echt viel.
3 Jan Can Patrick und Leo sind vier ganz süße Boys.
4 Nachdem Mama gegangen war Papa geschlafen hatte und Noël gekommen war, konnten wir endlich den Film zu Ende gucken.
5 Reden reden immer nur reden.

In welchem Satz hat sich noch ein Komma eingeschlichen, das keine Aufzählung trennt? ____________________

2 Was ist falsch? Ergänze fehlende Kommas, streiche falsche.

1 Spinnen, Käfer, Maden und auch Asseln, können dir den Tag vermasseln.
2 Schminken, kaufen Spiegel sehen ist echt schön.
3 Lange vor der ersten Deutschstunde, Jahre vor der wundervollen Begegnung, mit Max und erst recht ehe sie Herrn Hobel zum ersten Mal im Unterricht hatte, wusste sie das Komma schon zu schätzen.
4 Harry Styles, Zayn Malik, Louis Tomlinson, Niall Horan und Liam Payne, sind wohl die coolsten ever.

3 Erkläre die Unterschiede zwischen beiden Sätzen.

1 Hätte ich geahnt, dass Peter, Paul und Maria ebenfalls auf der Party, im Club und später bei mir zu Hause sein würden, hätte ich mir etwas anderes angezogen.
2 Hätte ich geahnt, dass Peter Paul und Maria ebenfalls auf der Party im Club und später bei mir zu Hause sein würden, hätte ich mir etwas anderes angezogen.

In Satz 1 … ____________________

____

In Satz 2 … ____________________

____

4 Welche der folgenden Kommas trennen Aufzählungen? Markiere.

1 Sie kam, sah und kaufte.
2 Ich ging nach Haus, lackierte die Nägel, linerte die Augen und machte das Make-up.
3 Cèdric schrieb für Conny, die holde, und seine Mutter.
4 Am liebsten bin ich am Strand, in Spanien oder im Drogeriemarkt.
5 Rot, Rot, Rot ist alles, was ich liebe.
6 In Erwartung einer Zahltandi-Sendung war sie nicht mehr in der Lage, Kommas, Punkte oder sonstige Satzzeichen richtig zu setzen.
7 Sie kaufte Lippenstifte in Arabischrot, Altbordeauxrot, Garnelenpink, davon gleich zwei, und Merinorot.

5 Jetzt bist du dran.

Verfasse einen Satz, in dem Namen aufgezählt werden.

___

___

Verfasse einen Satz, in dem Tätigkeiten aufgezählt werden.

___

___

Verfasse einen Satz, der klingt wie eine Aufzählung, aber keine ist.

___

___

6 Das ist tricky:

1 Der Satz ist mehrdeutig zu verstehen. Wie viele Menschen lädt Sandy zu ihrem Geburtstag ein?

Ich lade Brad, den Schauspieler, Cindy, Mandy, Ryan, den Sänger, Noël, das Schnuckelchen, Tina, Jacqueline, den Türsteher vom Club und Susi ein.

Mindestens: ______ Personen

Höchstens: ______ Personen

2 Wie voll ist die Wanne? Verändere durch das Setzen von Kommas die Anzahl der Personen in der Wanne. Notiere, wie viele Personen in der Wanne sind.

Der Frank ihr Mann und die Marianne, die teilten sich die Badewanne. ______ Personen

Der Frank ihr Mann und die Marianne, die teilten sich die Badewanne. ______ Personen

3 Der folgende Satz kann zwei Bedeutungen haben. Erläutere, welche.

Conny, Aishe und Alpha treffen sich heimlich.

___

___

1.2 ARBEITSBLATT FÜR DEN W.

1 Setze Kommas an den richtigen Stellen.

1 Die Sicherheit von Fahrrädern wird durch einen Rückspiegel Reflektoren sowie eine laute schrille Klingel maßgeblich erhöht.
2 Zu Weihnachten gab es in diesem Jahr neue Figuren für die Modelleisenbahn Ellenbogenschoner drei neue Bleistifte unterschiedlicher Härtegrade sowie eine Karte für Mark Forster.
3 Sollte man Bleistifte besser nach ihrer Länge ihrer Farbe oder dem Grad ihrer Härte sortieren?
4 Ein Unterhemd aus Feinripp das neue Oberhemd und darüber der blaue Zweireiher mit den goldenen Knöpfen würden wohl ein stattliches Bild abgeben.
5 Man muss die Haare ganz bestimmt nicht alle fünf sechs Tage waschen.
6 Python Java und C# sind Sprachen mit denen man wenigstens etwas anfangen kann.
7 Abends faltet er seine Socken und die Unterhose legt Hose Hemd und Unterhemd über den stummen Diener und streift den braunen Pyjama über.
8 Rote Ampeln unüberwindbare Hindernisse oder auch Stoppschilder sollten zum massiven Drosseln der Geschwindigkeit führen.

In welchem Satz fehlte noch ein Komma, das keine Aufzählung trennt? ____________________

2 Was ist falsch, was richtig? Ergänze fehlende Kommas, streiche falsche.

1 Büroklammern, Klarsichthüllen und Trennstreifen, helfen dir bei der Bewältigung deiner Tagesaufgaben.
2 Es kann Stunden Tage Wochen dauern, bis Conny mich erhört.
3 Der Bleistift mit der Bezeichnung 2B der Bleistift mit der Bezeichnung 3B und der Bleistift mit der Bezeichnung 4B gehören nebeneinander.
4 Mit der gleichen Berechtigung, könnte man die Bleistifte aber auch nach ihrer Länge ihrer Farbe oder dem Grad ihres Abriebs sortieren.
5 Aufzählungen führen zu Ordnung, Struktur, und Übersicht und helfen damit, bei der Sicherung eines geregelten Tagesablaufs.

3 Erkläre die zwei Unterschiede.

1 Hätte ich gewusst, dass Mark, Tim und Max auch in Gummersbach, beim Open Air und in der Halle, auftreten würden, wäre ich dort auch hingefahren.
2 Hätte ich gewusst, dass Mark Tim und Max auch in Gummersbach, beim Open Air und in der Halle auftreten würden, wäre ich dort auch hingefahren.

____

____

4 Welche der folgenden Kommas trennen Aufzählungen? Markiere.

1 Er kam, sah und ging wieder.
2 Er traf Conny, die schöne, und ihre Mutter in der Stadt.
3 Am liebsten spiele ich Schach, Minesweeper oder das Börsenspiel.
4 3B, 2B, B, HB, F, H, 2H klingt wie Musik in meinen Ohren.
5 In Erwartung eines neuen Präzisionsmessgeräts verzichtete er zunächst darauf, Toastbrote, Käse- und Schinkenscheiben auf die richtigen Maße hin zuzuschneiden.
6 In der Modelleisenbahn standen Figuren aus verschiedenen Fantasyromanen, -serien und -computerspielen.

5 Jetzt bist du dran.

Verfasse einen Satz, in dem Gegenstände aufgezählt werden.

____

____

Verfasse einen Satz, in dem etwas aufgezählt wird, das Conny mag.

____

____

Verfasse einen Satz, der zwar wirkt wie eine Aufzählung, aber keine ist.

____

____

6 Das ist tricky:

1 Wie viele Menschen haben hier ein Date, wenn man davon ausgeht, dass vielleicht Kommas fehlen?

Karl-Theodor Maria Nikolaus Johann Jacob Philipp Franz Joseph Sylvester und Stephanie treffen sich zum Candle-Light-Dinner.

Mindestens: __________ Höchstens: __________

2 Wie viele sind es denn nun? Verändere durch das Setzen eines Kommas die Anzahl der Personen unter der Decke. Schreibe dann hinter den Satz, wie viele Personen es sind.

Der Recke Cèdric und die Conny stecken unter einer Decke. __________ Personen

Der Recke Cèdric und die Conny stecken unter einer Decke. __________ Personen

3 Der folgende Satz kann zwei Bedeutungen haben. Erläutere, welche.

W., Conny und Cèdric sind in der Kammer verschwunden.

____

____

1.3 ARBEITSBLATT FÜR AISHE

1 Setze Kommas an den richtigen Stellen.

1 Conny der W. Alpha und selbst der Cèdric sind jetzt auch nicht unbedingt mit einem Übermaß an Hirnmasse gesegnet.
2 Das Essen bei Sonnenuntergang im warmen Sommer auf der Dachterrasse des wunderschönen Hotels in der traumhaften Bucht war eine Wucht.
3 Conny ist genervt vom W. von Aishe vom Hobel erst recht nur der Alpha kann hin und wieder ein Lichtblick sein.
4 Ich wünsche mir dass bald Sommer ist dass ich mir dann die Regeln für den Gebrauch des Semikolons erarbeiten kann dass ich einen Brief bekomme und dass ich die Grenzdebilen für lange Zeit nicht mehr sehen muss.
5 Ich stehe auf ich ziehe mich an ich gehe raus ich gehe nach Haus ich ziehe mich aus und gehe ins Bett.

In welchen Sätzen hat sich noch ein Komma eingeschlichen, das keine Aufzählung trennt? ____________________

2 Was ist falsch, was ist richtig? Ergänze fehlende Kommas, streiche falsche.

1 Intelligenzabstinenzler, Hirnverweigerer, Verschwörungstheoretiker und solche die stets alles mehrfach erklärt bekommen mussten waren ihr echt zuwider.
2 Wenn es Kommaregeln wirklich, nur für Aufzählungen, Herausstellungen, und Sätze geben würde wäre die Welt doch viel zu einfach.
3 In Erwartung eines lange, mühsamen, arbeitsreichen und anstrengenden Tages morgen, lege ich mich jetzt lieber noch mal ein zwei Stündchen auf, mein Ohr.

3 Erkläre die Unterschiede in den Sätzen.

1 Hätte ich gewusst, dass ich Conny Sandra Anne und Nael auch bei Agnostic Front in Berlin, beim Open Air und in der Halle treffen würde, wäre ich nicht hingegangen.
2 Hätte ich gewusst, dass ich Conny, Sandra Anne und Nael auch bei Agnostic Front in Berlin, beim Open Air und in der Halle, treffen würde, wäre ich nicht hingegangen.
3 Hätte ich gewusst, dass ich Conny Sandra, Anne und Nael auch bei Agnostic Front in Berlin beim Open Air und in der Halle treffen würde, wäre ich nicht hingegangen.

In Satz 1 ____________________

In Satz 2 ____________________

In Satz 3 ____________________

4 Welche der folgenden Kommas trennen Aufzählungen? Markiere.

1 Das ist so ein schönes teures Buch.
2 Sie traf Conny, diese eingebildete Ziege, voll auf die Finger.
3 Sie traf Conny, diese Mensch gewordene Puderdose und ihre Mutter in der Stadt.
4 Punkt, Punkt, Komma, Strich und fertig ist das Mondgesicht.
5 In Ermangelung von Intelligenz war sie selten befähigt, Kommata, Semikola oder sonstige Interpunktionszeichen sachangemessen zu verwenden.

6 Sie war gebeten worden, alkoholische, kohlensäurehaltige, Fruchtsaft- und sonstige Getränke sorgsam zu sortieren.

7 Ich gehe, du gehst, er geht, wir gehen, ihr geht, sie gehen.

8 Montags, dienstags, mittwochs, Alpha, donnerstags und freitags muss ich nachmittags leider lernen.

5 Das ist tricky:

1 Der Satz ist mehrdeutig zu verstehen. Wie viele Menschen wurden getroffen?

Sie traf Conny, die blöde Kuh, Cèdric, den Schnösel, Lia und Mia, Herrn Hobel und Alpha, das Schnuckelchen.

Mindestens: ____________ Höchstens: ____________

2 Setze die Kommas so, dass die Anzahl an Personen stimmt:

4 Personen: Lia Mia ihre Schwester Pia Sophia Henry und Can malten sich mal lustig an.
5 Personen: Lia Mia ihre Schwester Pia Sophia Henry und Can malten sich mal lustig an.
6 Personen: Lia Mia ihre Schwester Pia Sophia Henry und Can malten sich mal lustig an.
7 Personen: Lia Mia ihre Schwester Pia Sophia Henry und Can malten sich mal lustig an.

3 Der folgende Satz kann zwei Bedeutungen haben. Erläutere, welche.

Aishe, Cèdric und der W. begehren Conny, ach oje!

Bedeutung 1: ______________________________

____

Bedeutung 2: ______________________________

____

4 Jetzt geht sie zu weit! Setze ein Komma, um die Familie und den Hund zu retten.

Ich mag meine Familie kochen und unseren Hund.

1.4 TEST NR. 1: KOMMA BEI AUFZÄHLUNGEN

1 Richtig oder falsch? Kreuze an, ob die Kommas richtig 👍 gesetzt sind oder falsch 👎.

	Satz	👍	👎
1	Kommst du heute, morgen oder übermorgen?		
2	Nachdem der Hund gewaschen, die Nägel gefeilt und die Tasche gepackt waren, konnte es losgehen.		
3	Cèdric, der W. und Alpha wollten eine Band gründen.		
4	Es scheiterte am Namen, der Musikrichtung dem W. und der Angst vor dem Erfolg.		
5	Conny hätte hingegen für eine Solokarriere die nötige Ausstrahlung eine glasklare Stimme und das passende Outfit.		
6	Aishe packt für ihren Urlaub den Duden, ein selbst verfasstes Arbeitsheft, einen Grammatik-Reader sowie einen dicken großen Notizblock ein.		
7	Kommst du heute, Morgen oder übermorgen?		
8	Alpha lebt in einer kleinen deutschen Stadt in der Nähe einer großen deutschen Stadt.		
9	Der W. besaß mehrere, hölzerne Bleistifte verschiedener Längen und Härtegrade.		
10	Wer Kommas richtig setzen möchte, dabei auch Rechtschreibfehler vermeiden will und überhaupt auf gute Noten zielt, sollte mit Fleiß und Muße zu Werke gehen.		

2 Setze Kommas an den richtigen Stellen.

11 Nach dem langen heftigen Streit herrschten bei Alpha, Cèdric und dem W. wieder Friede Freude Eierkuchen.
12 Sie mag Eis ins Kino gehen warme Sommer und chillen.
13 Er mag spannende gruselige Bücher harte Musik und Fußballspiele mit vielen Toren.
14 Der hässliche grüne Fleck auf der Bluse ärgerte Conny noch viele Tage lang.
15 Herr Hobel ist vermutlich der am besten aussehende lustigste und netteste Lehrer an der ganzen Schule.
16 Beim Schreiben dieses Satzes musste ich dann doch lang anhaltend lachen.
17 Der W. bestellte eine Cola drei gebratene Würstchen und elf möglichst gleich lange Pommes frites.
18 Alpha stand währenddessen schweigend staunend und auch etwas mitleidig daneben.
19 Cèdric merkte gar nichts von der eigentümlichen Bestellung schrieb einen Vers in sein Poeme-Buch und dachte an Metaphern Anaphern und Enjambements.
20 Kommas setzt man bei Aufzählungen Herausstellungen und zwischen Sätzen.

Für jeden richtig gelösten Satz bekommst du 1 Punkt. Punkte: ____________

19 – 20 Punkte: Wow, du kannst es vielleicht sogar mit Aishe aufnehmen, zumindest aber mit Herrn Hobel. **17 – 18 Punkte:** Das war schon ziemlich gut! **14 – 16 Punkte:** Die eine oder andere Übung könntest du noch mal wiederholen. **11 – 13 Punkte:** Du bist im unteren Mittelfeld gelandet und kannst dich vielleicht noch mit Alpha messen. Danach wird es dünn. **8 – 10 Punkte:** Das reicht nicht ganz. Vorschlag: Du beginnst noch mal mit den Arbeitsblättern für Alpha. **0 – 7 Punkte:** Das war echt nix. Nicht mal der Zufall konnte dir helfen.

2 KOMMA BEI HERAUSSTELLUNGEN

R1 Es gibt	
• Linksherausstellungen,	*Ach*, das ist ja doof!
• Rechtsherausstellungen,	Das ist ja doof, *ey!*
• Einschübe.	Das ist ja, *Achtung*, krass doof.
R2 Herausgestellt werden oft	
• Appositionen, nachgestellte Erläuterungen,	Herr Hobel, *unser Lehrer*, ist cool.
• Orts-, Datums-, Zeit-, Literaturangaben,	Am Samstag, *dem 1.5.21*, ist frei.
• Erläuterungen,	Satzzeichen, *z. B. Kommas*, gehören nicht aufs Brot.
• angekündigte Wörter und Wortgruppen,	*Dieter Bohlen, der* ist echt durch.
• Infinitivgruppen, Partizip- oder Adjektivgruppen,	Der W., *vor Begeisterung strahlend*, hatte einen Bleistift in 8B geschenkt bekommen.
• Anreden (Vokative),	*Alpha*, Klappe halten!
• Ausrufe (Interjektionen),	*Ey*, was geht?
• Ausdrücke einer Stellungnahme, Kommentare,	*Bitte*, lasst mich einfach weiter schlafen!
• Frageanhängsel.	Du bist auch durch, *oder?*

2.1 ARBEITSBLATT FÜR ALPHA

1 Setze Kommas an den richtigen Stellen.

1 Pumpen das will ich.
2 Jungs besonders die durchtrainierten wollen ihre Körper gerne zeigen.
3 Die Ladys stehen auf die Hohlköpfe.
4 Beim Posen sind Tanktops sehr wichtig und zwar enge.
5 Das Muster längs oder quer gestreift ist jedoch ebenso entscheidend.
6 Sie kann alles zerstören die falsche Wahl des Outfits.

Welcher der Sätze kann je nach Kommasetzung zwei verschiedene Bedeutungen haben? ____________

Gib die verschiedenen Bedeutungen mit deinen Worten wieder:

____

____

2 Schulfrei oder Schwänzen? Welche der Varianten wird die Klasse wohl mehr erfreuen? Kreuze an!

☐ Hobel kann heute nicht zum Unterricht kommen. Fahrrad ist eingeschneit.

☐ Hobel, kann heute nicht zum Unterricht kommen. Fahrrad ist eingeschneit.

3 An welche Stelle im Satz passt die Herausstellung? Schreibe die Sätze mit der Herausstellung ab und setze die Kommas. Beachte die Groß- und Kleinschreibung – und verbessere Alphas Rechtschreibfehler in Satz 5!

1 Das muss vor jedem Wettkampf betrieben werden! Carboloading

____

2 Nudeln und Kartoffeln sind dafür das A und O? nicht wahr

____

3 Kochen kann ja nicht so schwer sein. gesund und lecker

____

4 Wiegt ein Kilo Fett oder ein Kilo Muskeln mehr? apropos schwer

____

5 „Ich bin der Traum aller Girls“ nämlich gut aussehend und interlecktuell

____

4 **Was ist falsch, was richtig? Ergänze die fehlenden Kommas, streiche falsche.**

1 Formel 1 das Autorennen ist etwas, für richtige Männer.
2 Danach läuft immer „Win A Car!“ nicht?
3 Da kannst du entweder einen Schrotthaufen gewinnen, oder, einen Topflitzer.
4 Alpha gespannt, wie eine Wäscheleine kann das Finale kaum abwarten.
5 Da müssen die Kandidaten ein Rennen fahren, einen steilen Berg hinunter.
6 Der langsamste muss, leider gehen.
7 Heute gewinnt kaum zu glauben eine Frau, das Topmodell.
8 Das geht nicht, mit rechten Dingen zu ganz sicher.
9 Der männliche Topfavorit enttäuscht voller Emotionen.
10 Dennoch gratuliert er der Siegerin und faire Verlierer die mag jeder.

5 **Welcher Satz passt zu welchem Bild? Schreibe die Nummer des richtigen Satzes zum jeweiligen Bild.**

1 Fett aufgepumpte Muskeln hat der, Alpha.
2 Fett aufgepumpte Muskeln hat der Alpha.
3 Der Herr, Hobel, der hat aber eine richtige Kartoffelnase!
4 Der Herr Hobel, der hat eine richtige Kartoffelnase!
5 Alpha las, ein Buch auf den Knien, der geliebten Aishe noch eine Seite aus dem Duden vor.
6 Alpha las, ein Buch auf den Knien der geliebten Aishe, noch eine Seite aus dem Duden vor.

2.2 ARBEITSBLATT FÜR CÈDRIC

1 Setze Kommas an den richtigen Stellen.

1 Der Poet der Adonis der Schöngeistigen ist das Pendant zum Bodybuilder dem Adonis der Kleingeistigen.
2 Geisteskraft damit ist mehr geschafft als mit prallen Muskeln.
3 Vorzuziehen einem Logiker kleinkariert im Geiste und auf dem Hemde ist der mysteriöse dichtende Fremde.
4 Der trauernd treue Träumer denkt an sich selbst zuletzt.
5 Die Schönheit der Maid wenngleich nicht sehr gescheit ist unerreicht.

Welcher der Sätze kann je nach Kommasetzung zwei verschiedene Bedeutungen haben? ______

Gib die unterschiedlichen Bedeutungen mit eigenen Worten wieder:

Bedeutung 1: ______

Bedeutung 2: ______

2 Mutter und Kind beim Brezelbacken: Welcher Satz passt zum Bild? Kreuze an!

☐ Jetzt habe ich endlich wieder eine seltsame, Mama.

☐ Jetzt habe ich endlich wieder eine seltsame Mama.

Wieso könnte die Mutter bei der nicht angekreuzten Variante sehr traurig werden?

______

______

3 Erkläre den Unterschied zwischen den drei Sätzen.

1 Der Kavalier pflückt, das blasse Heidenröslein vor den Füßen, die Gänseblümchen.
2 Der Kavalier pflückt das blasse Heidenröslein vor den Füßen, die Gänseblümchen.
3 Der Kavalier pflückt das blasse Heidenröslein, vor den Füßen die Gänseblümchen.

Welcher der Sätze ist grammatisch nicht möglich (ungrammatisch)? Satz ______

Inwiefern verändert die Position der Kommas die Situation? Gib die unterschiedlichen Bedeutungen mit eigenen Worten wieder.

Bei Satz … ______

Bei Satz … ______

4 Was ist falsch, was richtig? Ergänze die fehlenden Kommas, streiche falsche.

1 Gemäß seinem des Lyrikers Tagebuch, soll man keinen Tag ohne poetischen Gedanken verbringen.
2 Man ergötze sich an der allumfassenden Schönheit der der Natur und der der Lyrik.
3 Ein Band voller Dichtkunst oh ja ist einem schnöden Sportmagazin immer vorzuziehen.
4 Unglücklicherweise, wissen das nur die wenigsten Erdenbewohner.
5 Gäbe es nur einen Planeten frei von Sport, und Spott ich wollte ihn bewohnen.
6 Der Mann mit dem schwarzen Zylinder und dem Monokel er ist ein Mann von Welt bestimmt.
7 Bald schon muss ich die Künste erlernen, ich meine die lieblichen Künste der Verführung.
8 Dann ist der Dichter, der Held der den Musen gefällt.

5 Welcher Satz passt zu welchem Text?

1 Welche Überschrift passt zu welchem Zeitungsartikel?
Schreibe den passendsten Titel über den jeweiligen Text: a Es lebt das Opfer. b Es lebt, das Opfer.

Überschrift A: ______________________________

A Nach einem Beziehungsstreit ging ein Mann mit brachialer Gewalt auf den neuen Lebensgefährten seiner ehemaligen Partnerin los. Glücklicherweise konnte sich der Geschädigte rechtzeitig in Sicherheit bringen und dem Angreifer schwer verletzt entkommen.

Überschrift B: ______________________________

B Was tun wir nicht alles für unsere Liebsten? Sei es der Verzicht auf Schokolade, damit die Partnerin oder der Partner mehr davon hat. Oder die neue Leidenschaft für den Sport, um den überschüssigen Pfunden den Kampf anzusagen. Wir sind bereit, unser Leben umzugestalten, um andere glücklich zu machen. Nur so können Beziehungen funktionieren!

2 Nur ein Satz passt zur folgenden Geschichte. Ergänze!

☐ Denn es war die Entscheidung des Herzens, nicht?

☐ Denn es war die Entscheidung des Herzens nicht.

Eines Tages schrieb der König einen Wettbewerb aus. Zehn tapfere Recken sollten sich in einem Turnier beweisen. Ein Turnier auf Leben und Tod. Der Sieger sollte die Prinzessin zur Frau bekommen. Der Verstand des unerfahrenen Ritters befahl ihm, sich die hochwohlgeborene Schönheit aus dem Kopf zu schlagen. Doch die Vernunft konnte nicht über die Liebe siegen. So stellte er sich tapfer der von ihm verlangten Aufgabe. Er konnte nichts dagegen tun:

____

2.3 ARBEITSBLATT FÜR AISHE

1 Unterstreiche die Herausstellung. Setze die notwendigen Kommas. Entscheide, ob es sich dabei um einen Einschub (E), eine Links- (L) oder Rechtsherausstellung (R) handelt.

		L	E	R
1	Endlich konnte ich mir meinen Lebenstraum erfüllen und mein Lieblingsbuch eine Duden-Erstausgabe ersteigern.	☐	☐	☐
2	Wenn ich sie dann endlich nach drei Wochen Lieferzeit in meinen Händen halte, werde ich vor Glück und Erleichterung weinen.	☐	☐	☐
3	Ach ja die Seiten werde ich Buchstabe für Buchstabe durchgehen und den Duft derselben in mich aufsaugen.	☐	☐	☐
4	Auswendiglernen das nehme ich mir für die kommenden Sommerferien vor.	☐	☐	☐
5	Damit werde ich dann den Lukas aus der 10b beeindrucken mit Sicherheit!	☐	☐	☐

2 Erkläre den Unterschied.

1 Am Morgen wirft die stilbewusste Schülerin die lässige Lederschultasche über die Schulter und einen Blick in den Spiegel.

____

2 Am Morgen wirft die stilbewusste Schülerin, die lässige Lederschultasche über der Schulter, einen Blick in den Spiegel.

____

Wieso müssen im zweiten Satz Kommas gesetzt werden?

____

Warum ändert sich der grammatische Fall (Kasus) von *Schulter*?

____

Warum ändert sich der grammatische Fall (Kasus) des *Gefährten* in den folgenden Sätzen?

1 Klaus schenkt Peter einen neuen Gefährten, die alte Gitarre.
2 Klaus schenkt Peter, einem neuen Gefährten, die alte Gitarre.

____

____

3 **Was ist falsch, was richtig? Ergänze die fehlenden Kommas, streiche falsche.**

1 Das Beherrschen, der Kommasetzung der deutschen ist keine große Kunst.
2 Verstehen muss man sie die syntaktischen Grundlagen und schon fällt die Zeichensetzerei oh Wunder überhaupt nicht mehr schwer.
3 Wie in allen Bereichen des Lebens gibt es auch bei, diesem Thema, hoffnungslose Fälle leider.
4 Manche Intelligenzverweigerer setzen sich völlig lustlos in den Unterricht, und hoffen das Beste.
5 Doch nur mit Fleiß, und Anstrengung sicherlich nicht zu viel verlangt kann die Erweiterung des eigenen bei einigen zuweilen sehr beschränkten Horizontes gelingen.
6 Der Make-up-Schaden da drüben der sportliche und aufgemotzte ich, unterstelle ihm ein Maximum an grammatischer Inkompetenz nicht zu verwechseln mit Blasenschwäche.
7 Dem Capträger hingegen, wunderbar verpeilt traue ich mit viel Unterstützung meinerseits den Erwerb der Kommasetzungsfähigkeit zu.

Unterstreiche die Herausstellungen, die du mit Komma abtrennen kannst, aber nicht musst.

Wie kannst du Satz 1 durch Umstellung ohne Kommas schreiben?

____

4 **Schreibe jeweils eine kurze Geschichte, in welcher der vorgegebene Satz vorkommt.**

1 Der Geburtstagskuchen war fest versprochen!

____

____

____

____

____

____

2 Der Geburtstagskuchen war fest, versprochen!

____

____

____

____

____

____

2.4 TEST NR. 2: KOMMA BEI HERAUSSTELLUNGEN

1 Richtig oder falsch? Kreuze an, ob die Kommas richtig 👍 gesetzt sind oder falsch 👎.

		👍	👎
1	Bleistifte, besonders spitze, waren seine nicht ganz geheime Leidenschaft.		
2	Wörterbücher, zum Beispiel der Duden gehören in jede Schultasche.		
3	Herausstellungen trennt man mit einem Komma ab, ey.		
4	Ey, Alter, du kannst, voll krass, herausstellen, was du willst, Mann!		
5	In Anschluss an einen wirklich lustigen Klassenausflug stellte sich heraus, dass der W. gar nicht dabei gewesen war.		
6	Kommasetzung ist voll easy vor allem bei Herausstellungen.		
7	Apropos Komma, Aishe, kennst du auch andere Zeichen?		
8	Alpha kannst du mir einen Euro leihen, bitte?		
9	Deinen blöden Kommentar den kannst du dir echt sparen, Conny.		
10	Gestern da gab es Spaghetti mit Apfelmus, köstlich.		

2 Setze Kommas an den richtigen Stellen.

11 Spaghetti mit Apfelmus das isst doch kein Mensch.
12 Jetzt habt ihr es aber endlich gecheckt oder?
13 Oder habt ihr es etwa immer noch nicht gecheckt?
14 Ach Herr Hobel diese langweiligen Sätze die ersparen Sie uns doch bitte!
15 Am Dienstag dem 3. März machte der Alpha einen Scherz.
16 Beispielsätze schwere wie leichte können Phänomene veranschaulichen.
17 Ey du bleib stehen sofort!
18 Er sendete das soeben finalisierte Gedicht nach Rostock Kröpeliner Straße 57 an die Dame seines Herzens.
19 So richtig hatte er das mit den Herausstellungen links rechts und Einschub noch nicht verstanden.
20 Spaghetti mit Apfelmus isst doch kein Mensch Mann!

Für jeden richtig gelösten Satz bekommst du 1 Punkt. Punkte: ____________

19 – 20 Punkte: Wow, du kannst es vielleicht sogar mit Aishe aufnehmen, zumindest aber mit Herrn Hobel. **17 – 18 Punkte:** Das war schon ziemlich gut! **14 – 16 Punkte:** Die eine oder andere Übung könntest du noch mal wiederholen. **11 – 13 Punkte:** Du bist im unteren Mittelfeld gelandet und kannst dich vielleicht noch mit Alpha messen. Danach wird es dünn. **8 – 10 Punkte:** Das reicht nicht ganz. Vorschlag: Du beginnst noch mal mit den Arbeitsblättern für Alpha. **0 –7 Punkte:** Das war echt nix. Nicht mal der Zufall konnte dir helfen.

3 KOMMA BEI SÄTZEN

R1 Kommas trennen

- Sätze, — Er sang, sie lauschte.
- satzwertige Elemente, — Betört von seiner Stimme, lauschte sie Cèdrics Gesang.
- Infinitivgruppen. — Ich finde es überflüssig, bei Infinitiven Kommas zu setzen.

R2 Um Satzgrenzen zu finden, gehst du am besten in folgenden Schritten vor:

- finite und infinite Verbformen finden, — Alpha *wollte* mit der Schule *aufhören* als er eine tolle Idee *hatte.*
- die zugehörigen Satzglieder finden, — [Alpha] *wollte* [mit der Schule] *aufhören* [als] [er] [eine tolle Idee] *hatte.*
- an den Satzgrenzen Kommas setzen. — Alpha *wollte* mit der Schule *aufhören*, als er eine tolle Idee *hatte.*

3.1 ARBEITSBLATT FÜR ALPHA

1 Markiere farblich bei den Sätzen alle zusammengehörigen finiten und infiniten Verben (Prädikate) und markiere mit derselben Farbe alle Wörter, die zu diesen Prädikaten gehören. Unterstreiche dann alle satzeinleitenden Wörter (zum Beispiel Konjunktionen).

1 Mit Franz trifft sich später Mike, weil sie zusammen joggen wollen.
2 Alle bleiben an der Klippe stehen bis auf Peter, der läuft noch einen Meter.
3 Aishe ist eine coole Socke, daher würde ich sie gern meinen Kumpels vorstellen.
4 Durch die Sportschau halte ich mich auf dem Laufenden und daher ist es das einzige Magazin, das ich regelmäßig streame.

Hoppla, sieh noch mal genau hin! Setze deine Markierungen mit der Kommasetzung in Beziehung und formuliere (mindestens) eine Regel, die du bei den nächsten Übungen überprüfst:

____

____

2 Markiere die Kommas, mit denen nicht Aufzählungen, sondern Sätze voneinander getrennt werden.

1 Komma rüber zu mir, wenn du dich traust!
2 Wenn die Cap schiefliegt, sitzt du mal wieder im Unterricht, denkst an den coolen neuen Track und klopfst dazu den Beat.
3 René, Mirac und Sven droppen das Mic, sobald ich wieder zum (Rap-)Battle renn'!

3 Alpha, du bist so stark! Verbinde mit derselben Farbe diejenigen Kästen, die zusammenpassen. Ergänze die fehlenden Satzzeichen.

Du hast Herrn Hobel als Affen gezeichnet ____

____ hat er bitterlich geweint ____

Wenn du Cèdric als Wurstgesicht malst ____

____ merkt er das gar nicht ____

Weil er das voll traurig fand ____

4 Das ist tricky:

Stelle dir vor, du steckt kurz vor dem Wettkampf in einem Motivationsloch. Dein Trainer erinnert dich an deinen Lieblingssong. Also singst du in Gedanken deinen Kraftspender. Markiere alle Kommas, welche Sätze voneinander trennen.

So motiviert hart trainiert,
so viel Tränen und Schweiß,
'ne Menge Hühnchen, viel Mais,
Kartoffeln und Nudeln, Brokkoli statt Eis!
Siege fallen nicht vom Himmel oder Mond,
du musst wissen, ob sich's lohnt
zu üben, dich zu überwinden rügen,
dich selbst nicht zu betrügen
und dranzubleiben trotz der Tiefen,
auch der unfassbar miesen,
die dich zum Aufgeben wollen zwingen,
dich um die Zielerreichung suchen zu bringen!
Das Motto ist ganz einfach,
schau nach vorn, kämpf weiter!
Hol Anlauf, gib Vollgas,
bleib standhaft, du schaffst das!

3.2 ARBEITSBLATT FÜR CONNY

1 **Kreuze die Sätze an, in denen *alle* Kommas richtig gesetzt sind.**

- ☐ Die Hündin Princess musste zum Tierarzt, und sollte dort vom Arzt untersucht werden.
- ☐ Herr Dr. Grausam konnte nur mit dicken Handschuhen an Princess heran weil sie Panik bekam und jeden beißen wollte.
- ☐ Als er ihr eine dicke Spritze verpasste, schlief sie friedlich ein.
- ☐ Wer weiß, was sie träumte jedenfalls grinste sie übers ganze Gesicht und sabberte alles voll.
- ☐ Leider konnte Dr. Grausam, der sich viel Mühe gab, nichts finden.
- ☐ Nun ist ihr Herrchen heilfroh, dass es ihr bald wieder besser geht und der Arzt nicht so drauf ist, wie er heißt.

2 **Stelle dir vor, du sitzt in der Straßenbahn und vernimmst zufällig ein Gespräch zwischen zwei Freundinnen. Da die eine laut von einer unerhörten Begebenheit erzählt, kannst du nicht anders, als ihr zuzuhören. Setze die Kommas an den richtigen Stellen.**

1. „Ich saß während ich meine Nägel lackierte auf dem Pausenhof und schaute ab und an den anderen Schülern zu wie sie blöd dem Fußball hinterherrannten.
2. Da fiel mir ein dass doch noch die Planung meiner Geburtstagsparty auf meiner To-do-Liste stand.
3. Um nichts zu vergessen erstellte ich eine Sprachnachricht die ich nachher auch mit meinen Freundinnen teilen konnte.
4. Plötzlich kam Finn und laberte mich blöd von der Seite an ohne zu checken dass er unfassbar störte.
5. Da er mir die fünfminütige Sprachnachricht zerstörte und ich den Faden verlor klatschte ich ihm eine.
6. Nachdem er endlich abgezogen war nahm ich das Handy wieder in die Hand das mir doch tatsächlich dabei heruntergeflogen war."

3 **Wo liegt der Fehler? Streiche die falschen Kommas, ergänze die fehlenden.**

1. Auch wenn meine Hausaufgaben anstehen muss, ich mir zuerst noch meine Nägel feilen.
2. Weil Mutter mir die Shoppingtour verbietet, solange ich die Hausaufgaben nicht gemacht habe rufe ich mal Alex an, ob, er mir seine Lösungen schicken kann.
3. Puh, da habe ich Glück gehabt denn er will sie mir per Mail schicken.
4. Natürlich ist meine Mutter schlauer weil sie den Router ausgestellt hat – toll ey!

4 **Kreuze die Sätze an, in denen sich ein oder mehrere Kommafehler befinden. Ergänze fehlende Kommas, streiche falsche und notiere die Anzahl der Fehler an der rechten Seite.**

- ☐ Bezüglich der rosaroten Brille, möchte ich anmerken, dass sie so gar nicht deinen Teint unterstreicht. __________
- ☐ Ganz besonders gut, finde ich passt der längsgestreifte Pullover auch zur kariert-melierten Jeans von Marie-Charlotte Wilhelmina. __________
- ☐ Wenn sich Paula, nur entscheiden könnte, mit wem sie zum Abschlussball gehen wird! __________

- [ ] Rot leuchtende Fingernägel, die bei Schwarzlicht leuchten, sind der Hit auf jeder After-Klausur-Party. ________
- [ ] Wer Prada nicht kennt braucht, auch keinen Brief an den Weihnachtsmann zu schreiben. ________
- [ ] Gelegentlich hilft es schweißtreibende Arbeiten an andere Gruppenmitglieder zu vergeben, getreu nach dem Motto: „Team – toll, ein anderer macht's!" ________

5 Erkläre, warum vor dem *und* ein Komma stehen muss oder nicht stehen darf.

1 Weil Peter die Makkaroni im Hof gelagert hat *und* die Hunde des Nachbars dort herumstreunern, hatten Susi und Strolch eine leckere Mahlzeit.
2 Peter wollte die Nudeln holen, als er Hunger hatte, *und* fand im Topf nur gähnende Leere.

Satz 1: ______________________________

____

Satz 2: ______________________________

____

6 Welche Kommas können oder müssen weggelassen werden? Korrigiere und erkläre.

1 Mit pinken Schuhen aus der angesagtesten Modeboutique, tanzt es sich am besten.
2 Mit pinken Schuhen aus der angesagtesten Modeboutique, die letzten Monat Neueröffnung feierte, tanzt es sich am besten.
3 Es schmeckt einfach nicht, Lebkuchen ohne Zimt, Orangeat und Schokoladenüberzug zu essen.
4 Lebkuchen ohne Zimt, Orangeat und Schokoladenüberzug zu essen, schmeckt einfach nicht.

____

____

____

____

7 Jetzt bist du dran! Vervollständige den Beginn der nachfolgenden Erzählung mithilfe der Satzbausteine. Achte dabei auf die bereits gesetzten Kommas.

..., denn die Clown-Show	Ohne es zu erwarten, ...	Lennart-Lasse, der ...
..., weil er so herzlich	Lennart-Lasse zog eine Grimasse.	... überwältigte ihn voll und ganz.

____

____

____

____

3.3 ARBEITSBLATT FÜR DEN W.

1 **Der W. sieht, dass Conny, seine Liebste, mit einer Sportskanone aus dem Jahrgang zärtliche Blicke ausgetauscht hat. Daraufhin macht er sich im Internet schlau, wie er seinen Körper optimieren kann …**
Lies die herausgefundenen Erkenntnisse und setze Kommas an den richtigen Stellen.

Muskeltraining für zwischendurch:
https://www.planet-wissen.de/natur/anatomie_des_menschen/bewegung_muskeln_ausdauer_koordination/pwiemuskeltraining-fuerzwischendurch100.html

1 Sport ist wichtig weil man sich fit hält und Muskeln aufbaut.
2 Aber es ist nicht zu unterschätzen dass 1 kg Muskelmasse im Ruhezustand lediglich circa 13 kcal pro Tag mehr verbrauchen.
3 „Also kann ich mir“, denkt sich der W., „auch den schweißtreibenden Sport sparen und gleich mein Hirn trainieren denn es lässt sich mehr pumpen.“

2 **W.s Wissensdurst lässt sich kaum bremsen. Bei der Pumpaktion durchforstet er das Netz und trifft auf so manche sensationelle Information …**
Ergänze die fehlenden Kommas.

Der Stein von Rosette:
https://www.planet-wissen.de/geschichte/antike/hieroglyphen/pwiedersteinvonrosette100.html

1 Um sich vor den britischen Angriffen zu schützen sicherten französische Soldaten im Jahr 1799 die Küste der Hafenstadt Rosette.
2 Während sie ihre Schanzarbeiten* vollführten machten sie einen grandiosen Fund.
3 Da der befehlshabende Offizier die Bedeutung des gefundenen schwarzen Steins richtig einschätzte wurde er nicht zerstört, sondern Experten übergeben. Denn das Besondere lag darin dass auf dem Stein drei verschiedene Schriften zu lesen waren, Hieroglyphen, die demotische und die griechische Schrift.
4 Obwohl dies allein noch keine Sensation darstellt war der „Stein von Rosette“ von unschätzbarem Wert.
5 Weil die Experten mit Leichtigkeit den griechischen Teil zu übersetzten wussten erfuhr man dass dreimal derselbe Text, eine Verordnung altägyptischer Priester, eingemeißelt werden sollte.
6 Als die Experten dies vernahmen begann ein jahrzehntelanger Prozess bis die Forschungsergebnisse von Jean-François Champillion, einem Sprachwissenschaftler, 1822 den Schlüssel zur Entzifferung der Hieroglyphen lieferte.

* schwere Bodenarbeiten mit dem Spaten, vor allem im militärischen Bereich

3 **Mit gestilltem Wissensdurst und aufgepumptem Hirn glaubt der W., nun seine Conny beeindrucken zu können. Wenigstens bei der Kommasetzung ist ihm zu helfen … Markiere die Nebensatzeinleitungen und finite sowie infinite Verben und ergänze die Kommas.**

Hey Conny, eben las ich einen faszinierenden Artikel über den „Stein von Rosette"! Weil es so krass interessant ist will ich dir davon berichten. 16:02

Äh? Da läuft schon wieder was verkehrt …

Puh, lass mal stecken den Stein der Toilette … Ich bin erst nächste Woche dran mit Badputzen. 16:05

Neeee! Eine Sensation: 1822 fand ein Franzose die Lösung um mithilfe des Steins 16:06

Drückt versehentlich Enter und tippt weiter …

Verstehe schon – Toilettensensation und so … Habe grad keine Zeit, bin beim Sport! 16:06

die Hieroglyphen zu entziffern! 16:07

Ohne Connys Nachricht zu lesen, tippt er munter weiter …

Dadurch dass sich auf dem Stein drei verschiedene Schriftsysteme befinden konnte er Rückschlüsse auf die Hieroglyphen ziehen. Was für ein genialer Typ! 16:10

Kannst du dir vorstellen mit mir zur Fremdsprachen-AG zu gehen? 16:15

Sobald wir Griechisch gelernt haben können wir auch den Stein besetzen. 16:17

Mist ey, 1:0 für Pumper-Joe!

Boah ihhh, W.! Nicht mal mit Handschuhen! 16:18

Conny war zuletzt 16:18 online.

*übersetzen. 16:18

3.4 ARBEITSBLATT FÜR CÈDRIC

1 **Stell dir vor, du hast den Wunsch, deiner Liebsten ein Gedicht zu schreiben. Leider ist die erste Fassung noch fehlerhaft. Ergänze die fehlenden Kommas.**
Überarbeite das Gedicht im Anschluss ein weiteres Mal.

An mein Herzblatt

An der Conny,
schön blond so funny, so sunny,
modisch, sportlich, extravagant
hab ich mir die Finger verbrannt.
Sie ist so wilde
schwingt stark wie Brunhilde
ihren pinken Tennisschläger
ohne Nachsicht auf Gegenspieler.
Und ich anfeuere sie heldenhaft
brülle aus lauthals neben dem Spielfeld:
„Conny, du bist meine Schildmaid!"

2 **Moment mal, was heißt hier „Schildmaid"? Ahnungslos schreibst du in den Klassen-Chat eine Nachricht und fragst, ob jemand mehr wisse. Man antwortet dir, nur sind die Satzzeichen fehlerhaft. Ergänze fehlende, streiche falsche Kommas.**

Hey,
das ist 'ne gute Frage! Die kam mir auch als ich letztens eine Wikinger-Serie schaute. Online fand ich die Erklärung dass, in (alt-)nordischen Mythen und Sagen solche Frauen als Schildmaiden bezeichnet wurden die ihr Leben dem Kampf widmeten, und einen (oder ein? Boah ist das komplikativ!) Schild trugen voll die krassen Kriegerinnen eben!
Wenn es in der Schule eine AG gäbe in der wir Fechten üben könnten würde ich mich sofort eintragen.
Ja, natürlich ginge es um den sportlichen Wettkampf nicht um böse Verletzungen, weil man mir mal wieder nicht die Hausaufgaben zum Abschreiben übergeben hat …
Was meinst du?

3 **Du liest in deinem Buch über mittelalterliche Liebeslyrik, um dir etwas abzugucken und für deine Herzdame etwas Extravagantes auszudenken. Ergänze die fehlenden Kommas.**

Auch im Hochmittelalter war Liebe die Minne ein wichtiges Thema. Viele Autoren sangen ihrer Liebsten ein schönes Lied wussten aber dass sich ihre Wünsche und Träume nicht erfüllen würden. Denn sie waren häufig fahrende Sänger und bezirzten eine Dame welche einem höheren Stand angehörte. Der wohl bekannteste Minnesänger ist bis heute Walther von der Vogelweide von dem viele Texte überliefert sind so zum Beispiel im sogenannten Codex Manesse. Diese Sammlung entstand zwischen 1300 und 1340. Ihr besonderer Wert lässt sich unter anderem daran erkennen dass sie nicht nur zahlreiche lyrische Texte und (fiktive) Illustrationen der Sänger enthält sondern auch teilweise die einzige Quelle einzelner Autoren ist.

Der Dichter Walther, abgebildet im Codex Manesse: https://digi.ub.uni-heidelberg.de/diglit/cpg848/0243

4 **Im Buch findest du ein mittelalterliches Gedicht von Walther von der Vogelweide. Im Mittelalter wurden andere Satzzeichen als heute gesetzt, aber in der nebenstehenden Übersetzung in modernes Deutsch kannst du die Satzzeichen überprüfen. Markiere Kommas, die Sätze voneinander trennen, mit Rot und Kommas bei Herausstellungen in einer anderen Farbe.**

Saget mir ieman, waz ist minne?

Saget mir ieman, waz ist minne?
weiz ich des ein teil, ich westes
gerne mê.
swer sich rehte nû versinne,
der berihte rehte mich, wie tuot si wê.
minne ist minne, tuot si wol:
tuot si wê, sône heizet si niht rehte minne.
sus enweiz ich, wie si danne heizen sol.

Obe ich rehte râten künne
waz diu minne sî, sô sprechet denne „jâ".
minne ist zweier herzen wünne:
teilent sie gelîche, sost diu minne dâ:
sol abe ungeteilet sîn,
sô enkan si ein herze aleine niht enthalten.
Owê, woldest dû mir helfen, frouwe mîn!

Frouwe, ich eine trage ein teil ze
swaere.
wellest dû mir helfen, sô hilf an der zît.
sî aber ich dir gar unmaere,
daz sprich endelîche: so lâze ich den strît
unde wirde ein ledic man.
dû solt aber einez wizzen,
daz dich rehte lützel ieman baz danne ich
geloben kan.

Kann mit jemand sagen, was Minne ist?

Mag mir jemand sagen, was Minne ist?
Weiß ich auch ein bisschen darüber, wüsste ich doch
gern mehr.
Wer sich recht darauf versteht,
der belehre mich gründlich, warum sie so weh tut.
Minne ist Minne, wenn sie wohltut.
Tut sie weh, so nennt man sie fälschlicherweise Minne.
Aber ich weiß nicht, wie sie dann heißen soll.

Wenn ich es richtig vorschlagen kann,
was Minne sei, so sagt „ja"!
Minne ist zweier Herzen Glück.
Teilen sie gerecht, dann ist die Minne da;
Soll aber nicht geteilt werden,
dann kann ein Herz allein sie nicht halten.
Ach, wolltest du mir doch helfen, meine Herrin!

Herrin, ich allein trage um den einen Teil etwas zu
schwer.
Wolltest du mir helfen, so hilf rechtzeitig.
Wenn ich dir aber gänzlich unwillkommen bin,
dann sag es deutlich: So lasse ich ab vom Werben und
werde ein freier Mann.
Du sollt aber eines wissen, Herrin,
dass dich niemand besser als ich
preisen kann.

5 **Von den Liebesversen Walthers von der Vogelweide ergriffen, willst du deiner Liebsten ein Gedicht vortragen. Setze Kommas an den richtigen Stellen.**

Conny ist ein hübsches Mädchen
doch frag' ich sie
ob sie mit mir gehen will
bleibt sie stets still.
Es hilft weder Zucken noch Zagen
will ich dass es klappt
muss ich sie noch einmal sie drängend fragen.
In der Pause ist es so weit
der Mut ist gefasst.
Da ich Conny mal wieder nervte
hat sie mir eine verpasst.

6 **Du hast Connys Backpfeife noch nicht verkraftet und schreibst ein weiteres Gedicht. Korrigiere die Kommas: Streiche die fehlerhaften, ergänze die fehlenden.**

Mit allem Mut zog ich zu dir Conny
aber störte dich bei der Planung deiner Party.
Schwermütig ging, ich von dannen –
Es bleibt mir nur dich um Verzeihung zu bitten.
Mein Herzblatt es tut mir, leid –
Keine Ahnung, was mich hat geritten.
In der nächsten Pause, versuch' ich's noch mal
ohne Unterlass denn mein Herz schmerzt brutal.

7 **Das ist tricky:**

1 Du liest ein Gedicht von Christian Morgenstern (1871 – 1914), um auf andere Gedanken zu kommen. Da die Kommas nicht abgedruckt sind, fügst du welche ein, damit es verständlich wird.

An den Andern

Ich hatte mich im Hochgebirg verstiegen.
Die Felsenwelt um mich sie war wohl schön
doch konnt ich keinen Ausgang mir ersiegen
noch einen Aufgang nach den lichten Höhn.
Da traf ich Dich in ärgster Not: den Andern!
Mit Dir vereint gewann ich frischen Mut.
Von Neuem hob ich an mit Dir zu wandern
und siehe da: Das Schicksal war uns gut.
Wir fanden einen Pfad der klar und einsam
empor sich zog bis wo ein Tempel stand.
Der Steig war steil doch wagten wir's gemeinsam …
Und heut noch helfen wir uns Hand in Hand.
Mag sein wir stehn an unsres Lebens Ende
noch unterm Ziel – genug der Weg ist klar!
Dass wir uns trafen war die große Wende
aus zwei Verirrten ward ein wissend Paar.

2 Nun liest du ein Frühlingsgedicht von Eduard Mörike (1804 – 1875). Diesmal fehlen keine Kommas. Erkläre nun, welche Funktion das jeweilige Komma hat.

Er ist's — Funktionen der Kommas

Frühling lässt sein blaues Band
Wieder flattern durch die Lüfte;
Süße, wohlbekannte Düfte ____________________
Streifen ahnungsvoll das Land.
Veilchen träumen schon, ____________________
Wollen balde kommen.
– Horch, von fern ein leiser Harfenton! ____________________
Frühling, ja du bist's!
Dich hab ich vernommen! ____________________

8 **Als Hausaufgabe musst du einen Gedichtauszug aus Ovids „Amores“ (I, 5) übersetzen. Endlich bist du fertig, da stellst du fest, dass bei aller Wortspielerei Kommas fehlen. Ergänze sie.**

Es war heiß und der Tag lief zur Mittagsstunde
da legte ich meine Beine zum Entspannen inmitten aufs Bett.
Ein Teil des Fensters war offen der andere geschlossen
fast so wie der Wald das Tageslicht zu zeigen pflegt
wie die Dämmerung hervorschimmert
wenn der Gott Phoebus (mit seinem Sonnenwagen) davonzieht
oder (der Zeitpunkt) da die Nacht wich aber dennoch nicht angebrochen ist der Tag.
Jenes Licht muss sich zeigen den schüchternen Damen […].
Siehe da Corinna erschien, mit umwundener Tunika […].

3.5 ARBEITSBLATT FÜR AISHE

1 **Du triffst im Pausenraum auf einen Mitschüler und siehst, dass er zu einem Comic eine Erzählung schreibt. Von diesem geheimen Treiben überrascht, willst du ihm helfen, den Text zu überarbeiten. Markiere die falsch gesetzten Kommas und ergänze fehlende.**

„Kommt ma, ey!“ brüllte Lehrer H… seinen untätigen Unbegabten zu die mal wieder nur Kokosnüsse sammelten. Daher hobelte er selbst was das Zeug hält damit die Klasse endlich das Boot fertigstellte. „Meine Güte seid ihr wahnsinnig?“ schrie er schrill. Seine Gedanken drehten sich nur darum so schnell wie möglich von dieser verfluchten Insel herunterzukommen einer Insel von der er glaubte zu wissen dass lehrerfressende Ungeheuer mordlüstern umherstreunerten. „Wenn ich nicht, versprochen hätte dass ihr wohlbehalten zurückkämet würde ich euch einfach den Satz anstarren lassen und selbst wegfahren“, spie er in seiner Wut heraus. Plötzlich wurde es lauter und lauter. Seine Augen fingen an zu brennen keinen Funken Licht konnte er ertragen. Eben war er noch ein Gestrandeter dann fand er sich in seinem Sessel wieder vor dem sein Hund Precilla mit der Tatze auf der Fernbedienung stand. „Diese AWT-AG macht mich noch fertig“, dachte er sich.

2 **Wo müssen Kommas ergänzt werden? Setze sie und erkläre deine Entscheidung.**

1 Wenn Johanna-Malou nur wüsste dass es im Winter kalt ist wäre sie schon längst auf die Idee gekommen ihre supercoolen Sneaker und nervigen Klackerschuhe gegen richtige Winterboots zu tauschen.

____

____

2 Unser Lehrer H. ist zwar ein fleißiger Mann der aber leider glaubt dass er das Internet löschen kann.

____

____

3 **Markiere alle Kommas in verschiedenen Farben:**

- bei Aufzählungen **gelb,**
- bei Herausstellungen **grün,**
- bei Nebensätzen **rot**
- und bei satzwertigen Konstruktionen **blau.**

1 Jim, du bist doch echt Banane, wenn du den Crêpe ohne Nutella isst!
2 Ohne dich verletzen zu wollen, muss ich dir als Freund mal sagen, dass das lila-pink-grüne Tuch nicht nur Kopfschmerzen, sondern auch Augenkrebs verursacht.
3 Marilyn, von der Abfuhr schwer getroffen, eilt zum Bus, um der Situation zu entfliehen.
4 Wie kann man feststellen, dass im Kühlschrank, egal welcher es ist, das Licht ausgeht, sobald er geschlossen worden ist?
5 Es freut mich, Sie kennenzulernen, denn ich bin ein großer Fan Ihres Podcasts.

4 **Jetzt bist du dran! Formuliere nun Regeln, mit denen du deinen Eltern erklärst, wie leicht es ist, Kommas zu setzen, wenn man sich nur drei wichtige Regeln merkt.**

1

2

3

3.6 TEST NR. 3: KOMMA BEI SÄTZEN

1 Richtig oder falsch? Kreuze an, ob die Kommas richtig 👍 gesetzt sind oder falsch 👎.

		👍	👎
1	Conny denkt, Alpha zeichnet, Cèdric reimt, der W. sortiert.		
2	Zwischen Sätzen stehen Kommas weil sie sich nicht setzen dürfen.		
3	Nach diesem wirklich nicht ansatzweise lustigen, sondern eher sehr flachen Witz, kamen Cèdric viele Tränen.		
4	Ich stehe auf, nachdem ich noch eine Weile im Duden geblättert habe, und esse ein Bananeneis.		
5	Ich stehe auf Bananeneis, du kannst gerne im Duden blättern und nachher gehen wir dann aber zusammen in die Stadt.		
6	Kannst du mir bitte dabei helfen einen Reim auf Conny zu finden?		
7	Alpha musste nachdem er sich den Bleistift vom W. ins Ohr gesteckt hatte, erst mal neue Stifte organisieren.		
8	Der W., seinen Bleistift lange suchend, ahnte nicht, dass es Alpha war, der den geliebten HB stibitzt hatte.		
9	Gerade Sätze, die sehr lang und komplex gebaut sind, bergen oft große Gefahren bei der Kommasetzung danebenzugreifen, falls man nicht doll aufpasst und sich fest konzentriert.		
10	Aber auch kurze Sätze, können es in sich haben.		

2 Setze Kommas an den richtigen Stellen.

11 Bevor du lachst überlege doch bitte ob es überhaupt lustig war.
12 Aishe kann deutlich mehr Wörter auswendig als der Gedichte verfassende Cèdric.
13 Das Buch das ich dir geschenkt habe ist der Grund dafür dass ich aufgehört habe Bücher zu lesen.
14 Ich wünschte mir du wärest in der Lage dir deine eigenen Sätze auszudenken um daran die Zeichensetzung zu üben.
15 Ohne W. hat die b wenn man mal von C. absieht niemanden auf dem sie rumhacken kann.
16 Sie ist netter zu Alpha als sie zum W. und zu Cèdric ist.
17 Sie isst länger als W. und Cèdric zusammen obwohl sie eigentlich gar keinen Hunger hat.
18 Aishe aufmerksam und leidenschaftsvoll die neue Regel betrachtend fragte Herrn Hobel gerade nach der Kreide suchend ob er ihr nach Lernstoff schmachtend nicht noch ein paar Lektionen erteilen könne.
19 Manchen macht es Spaß Kommas zu setzen und manchen bereitet es körperlichen Schmerz.
20 Anstatt hier blöde Tests zu schreiben machen wir jetzt Schluss und freuen uns auf die Ferien.

Für jeden richtig gelösten Satz bekommst du 1 Punkt. Punkte: ____________

19–20 Punkte: Wow, du kannst es vielleicht sogar mit Aishe aufnehmen, zumindest aber mit Herrn Hobel. **17–18 Punkte:** Das war schon ziemlich gut! **14–16 Punkte:** Die eine oder andere Übung könntest du noch mal wiederholen. **11–13 Punkte:** Du bist im unteren Mittelfeld gelandet und kannst dich vielleicht noch mit Alpha messen. Danach wird es dünn. **8–10 Punkte:** Das reicht nicht ganz. Vorschlag: Du beginnst noch mal mit den Arbeitsblättern für Alpha. **0–7 Punkte:** Das war echt nix. Nicht mal der Zufall konnte dir helfen.

4 KOMMA

KREUZ UND QUER

R1 Drei Regeln der Kommasetzung:

1 Aufzählungen werden durch Kommas getrennt. getrennt.	Kommas trennen *Aufzählungen*, *Herausstellungen* und *Sätze.*
2 Herausstellungen werden durch Kommas vom Rest des Satzes getrennt.	*Also bitte,* ist doch gar nicht so schwer, *oder?*
3 Mehrere Sätze werden durch Kommas getrennt.	*Alpha zeichnet, Conny schminkt sich, denn es ist Pause.*

4.1 Arbeitsblatt für Alpha

1 Setze Kommas an den richtigen Stellen.

1 Besser ein Komma zu viel als Pech im Spiel mit Conny.
2 Am besten geht Zeichensetzung nach dem Zeichnen.
3 Beim Setzen von Kommas in echt langen verschachtelten und unübersichtlichen Sätzen kann man schnell mal den Überblick verlieren.
4 Ey das bockt null und ich check das voll ab ey!
5 Wenn ich mein Board meine Cap meine Brille und meinen messerscharfen Verstand nicht hätte wäre ich voll der halbe Mensch Alter.
6 Frag mich mal was geht und ich erklär dir dass die mich echt fertigmachen und so.

2 Das ist tricky:

Den Sinn der folgenden Sätze kannst du durch das Setzen eines Kommas erheblich verändern. Erläutere, inwiefern.

Es regnet Mist.

____

3 Setze Kommas an den richtigen Stellen und erläutere den Unterschied.

1 Comics zeichnen ist viel cooler als das Rumsitzen hier.
2 Comics zeichnen ist viel cooler als hier rumzusitzen.

____

____

4 Ausflug in den deutschen Rap

Nach welcher Regel wurden im folgenden Rap Kommas gesetzt? Schreibe jeweils den Buchstaben A (Aufzählung), H (Herausstellung) oder S (Satz) an das entsprechende Komma.

Doofer W., Freak in der b,
Manchmal machst du mir Angst, manchmal ist's okay.
Hobel Hirn – Wahnsinn und Genie,
Du denkst nur an uns, wir an dich jedoch nie!
War nur 'n Gag, der keinen Zweck
Hatte, ist jetzt auch Latte.

Yeah, meine b, man, seid ihr cool,
Sag ich euch heut
Und hab es bereut, nicht nach der Zeit,
Sondern gleich. Gleich nachdem diese Zeilen
Aufs Papier, ey, geflossen waren,
hab ich mit Haut und mit Haaren
geschämt mich dafür. Ich war wohl verwirrt, habt ihr's
kapiert,
hab mich geirrt. Kommt, ich erzähl euch 'nen Joke
von einem, der log, um Freunde zu finden, klar, man.
Was musste der sich winden, bis er klarkam als
einsamer
Cowboy im Kampf.
Zu Ende der Krampf. Komma, ey, Alter!

5 Och nö! In der folgenden Nachricht sind die Kommas verloren gegangen. Ergänze sie an den richtigen Stellen.

1 Hey Alpha was geht?
2 Kannst du mir vielleicht ein zwei coole Songs schicken?
3 Ich will Özlem der aus der c was Nettes schicken aber mir fällt nichts ein. Kollegah wird sie wohl kaum beeindrucken oder? Ich wette die hört Oerdings oder so. Am Donnerstag vor oder nach der Schule oder vielleicht auch während :-) will ich sie daten weiß aber nicht ob sie auf mich steht. Na ja ich werd's ja checken.
4 Also locker bleiben und so long: Hartmut

6 Das ist tricky:

In den folgenden Sätzen können Kommas richtig an zwei verschiedenen Stellen gesetzt werden. Setze die Kommas und erläutere die Unterschiede.

1a Es ist schwierig für Conny eine Lösung zu finden.

1b Es ist schwierig für Conny eine Lösung zu finden.

2a Was willst du schon wieder?

2b Was willst du schon wieder?

7 Achtung, Fehler!

Alpha, dein letzter Aufsatz war ja unter aller Kanone. Inhaltlich so la la, aber die Zeichensetzung: unterirdisch. Streiche die falschen Kommas und ergänze richtige. Kleiner Tipp: Insgesamt müssen mindestens 12 Kommas im Text sein.

Also in der ~~Ballade~~ Kurzgeschichte, von Arthur ~~Connan~~ Conan Doyle, einem bekannten Krimiautor geht es darum, dass der superschlaue, Detektiv Sherlock Holmes mit seinem Kumpel und Sidekick Dr. Watson, einen abgefahrenen Mordfall untersuchen muss. Los geht's in einer düsteren, kalt schaurigen Novembernacht als eine Kutsche, mit zwei mysteriösen Reisenden einem Mann mit ~~Avokado~~ Melone und einer ~~sexy schicken~~ vornehmen Lady, in die Baker Street einbog. Sherlock Holmes saß in seinem Lehnstuhl ~~rauchte~~ paffte genüsslich seine Pfeife und sagte zu Watson: „Gleich wird es an der Tür klingeln und zwei aufgeregte Personen erzählen uns von einem fiesen ekelhaften und brutalen Werwolfangriff in der Londoner Innenstadt." Und, weil der Detektiv ja ~~sooooooooo~~ superschlau ist ist das dann auch ~~soooooooooo~~ passiert. Sherlock Holmes musterte die beiden seltsamen Gäste und bemerkte ironisch, dass er weder an Werwölfe, noch an so einen bekloppten hirnrissigen Schwachsinn glaube und es eine logische Erklärung geben müsse …

4.2 ARBEITSBLATT FÜR CONNY

1 Nach welchen Regeln wurden in der folgenden Betriebsanleitung für eine UV-Nagellampe Kommas gesetzt? Schreibe die Regel für jedes Komma hinter den jeweiligen Satz:

A (Aufzählung), H (Herausstellung), S (Satzgrenze)

1 Schließen Sie den Netzstecker, den DCC-Stecker, an das Gerät.
2 Drücken Sie eine beliebige Taste, um das Gerät zu starten.
3 Wählen Sie nun das Programm zum Härten von UV-Gel, LED-Gel oder Builder aus.
4 Anschließend stellen sie den Timer auf 10 Sekunden, 30 Sekunden oder 99 Sekunden.
5 Bei Auslassen der Zeitvorwahl beginnt der Härtungsvorgang, sobald der Infrarotsensor Ihre Hand erkennt.
6 Wenn Sie eine LED-Lampe zum Härten Ihrer Nägel verwenden, muss der Nagellack LED-geeignet sein.
7 Schmutz, Wassertropfen oder andere Flüssigkeiten dürfen nicht in das Gerät gelangen.
8 Bei unerwünschten Nebenwirkungen, insbesondere Hautveränderung oder Schmerzen, kontaktieren Sie bitte einen Arzt.

2 Das ist tricky: Die Position des Kommas kann den Sinn des folgenden Satzes erheblich verändern. Setze das Komma und gib die unterschiedlichen Bedeutungen wieder.

1 Die nette Turnerin aus der 8a gewinnt den Preis für das modischste Outfit nicht aber die doofe Handballziege aus der 9c.

---

2 Die nette Turnerin aus der 8a gewinnt den Preis für das modischste Outfit nicht aber die doofe Handballziege aus der 9c.

---

3 Tierversuche, ja oder nein? Auf deinem neuesten Lippenstift findest du folgenden Hinweis. Kreuze an, wie du den Hinweis wohl zu verstehen hast.

STOPP, TIERVERSUCHE!

☐ Aufruf an dich, Tierversuche zu stoppen.
☐ Warnung an dich, dass der Lippenstift mithilfe von Tierversuchen getestet wurde.

4 Die einzigen Bücher, die es sich zu lesen lohnt: Modemagazine!

Nach welchen Regeln wurden im folgenden Text die Kommas gesetzt? Schreibe jeweils A, H oder S an das entsprechende Komma.

Das ist das Geheimnis hinter Jennifer Anistons glänzenden Haaren
Um ihren Haaren stets einen gesunden Glanz zu verleihen, schwört Jennifer Aniston auf eine Keratin-Glättung beim Friseur, auch bekannt als Laminierung. Die Behandlung sorgt dafür, dass man das Haar im Alltag besser stylen kann, ohne dass man es angreift, da sich das Keratin wie ein Schutzmantel um jedes einzelne Haar legt. Warum diese Art der Haarglättung als sehr schonend gilt? Keratin ist ein natürliches Protein, was man in Haaren, Fingernägeln und der Haut findet. So kann man beim Styling auf das Glätteisen verzichten, das die Haare besonders angreift.

Quelle: https://www.instyle.de/beauty/keratin-treatment-glaenzende-haare-jennifer-aniston/

In diesem Artikel sind die Kommas verloren gegangen. Der Redakteur braucht schnell deine Hilfe. Setze die Kommas an den richtigen Stellen.

Wie kombiniere ich die Leggings?
Die Leggings kann wenn sie richtig gestylt wird zu einem wahren Kombinationstalent werden und dafür sorgen dass die Figur einer jeden Frau optimal in Szene gesetzt wird. Bekannte Fashion-Experten schwören auf die Vorteile der beliebten Stretchhose vorausgesetzt es handelt sich um eine hochwertige Leggings aus festem Material welches einen schönen Body formt. Auf der anderen Seite kann sich die Leggings zum schlimmsten Albtraum in der Fashionwelt wandeln wenn sie falsch kombiniert wird und dadurch alles andere bewirkt als der Figur zu schmeicheln.

Quelle: https://www.hoseonline.de/blog/10-styling-tipps-wie-kombiniere-ich-die-leggings/

5 Das ist tricky:

Im folgenden Satz ist die Herausstellung nicht ganz eindeutig. Worauf könnte sie sich beziehen? Schreibe die drei Möglichkeiten auf. Im Anschluss formuliere die Sätze so um, dass sie eindeutig werden.
Tipp: Worauf bezieht sich die Farbe? Was könnte pink gewesen sein?

Mark Wahlberg ließ sich von seiner Tochter die Fingernägel lackieren, in Pink!

1. mögliche Bedeutung: ______________________________

2. mögliche Bedeutung: ______________________________

3. mögliche Bedeutung: ______________________________

1. eindeutige Formulierung: ______________________________

2. eindeutige Formulierung: ______________________________

3. eindeutige Formulierung: ______________________________

4.3 ARBEITSBLATT FÜR CÈDRIC

1 Welche Kommas markieren Satzgrenzen? Kreise sie ein!

1 Die Pralinen, heiß geliebt, will er nun nicht mehr essen.
2 Die Pralinen, die er so gerne mochte, will er nun nicht mehr essen.
3 Was er an ihnen mochte, die Füllung, hatte nun eine andere Rezeptur.
4 Haselnuss, Mandel und Schokocreme schmecken nur in dieser Kombination.
5 Um die Damenwelt zu beglücken, kann man nur diese eine Sorte wählen.

2 Verändere durch das Setzen von Kommas die Bedeutungen der Sätze.

1 Das Büro des Deutschen Comedypreises bittet alle aktiven Poetry-Slammer anzurufen.
Das Büro des Deutschen Comedypreises bittet alle aktiven Poetry-Slammer anzurufen.
2 Torsten Sträter Bas Böttcher sein Freund und Julia Engelmann melden sich sofort.
Torsten Sträter Bas Böttcher sein Freund und Julia Engelmann melden sich sofort.
3 Der Sieger der Show verspricht nicht mit dem Slammen aufzuhören.
Der Sieger der Show verspricht nicht mit dem Slammen aufzuhören.
4 Ich denke mit Erfolg.
Ich denke mit Erfolg.
5 Kleingeistige sagen Poeten seien nicht zu retten.
Kleingeistige sagen Poeten seien nicht zu retten.

3 Erkläre den Unterschied! Warum muss im zweiten Satz jeweils das Komma stehen, während es im ersten Satz nicht stehen darf?

1 Nach dem frustrierenden Ausscheiden aus dem preisgekrönten Dichterwettbewerb wollte der junge Poet sein Hobby an den Nagel hängen.
2 Nachdem er frustrierenderweise aus dem preisgekrönten Dichterwettbewerb ausschied, wollte der junge Poet sein Hobby an den Nagel hängen.

____

____

3 Dabei ist sein poetisches Können um Längen besser als das seines versvergeigenden Konkurrenten.
4 Dabei ist sein poetisches Können um Längen besser, als es das seines versvergeigenden Konkurrenten war.

____

____

5 Er gestaltet seine Verse wie ein Lyriker.
6 Er gestaltet seine Verse, wie ein Lyriker es vermag.

____

____

4 Was ist falsch? Ergänze die fehlenden Kommas, streiche falsche.

1 Wie man das Herz seines Schwarms gewinnen kann ohne sich zu blamieren!
2 Um einen angebeteten Menschen zu erobern bedarf es viel Vorbereitung Mühe, und Zeit.
3 Zunächst muss man das Objekt, der Begierde, genauestens studieren also beobachten beobachten nochmals beobachten!
4 Dabei muss auf die winzigsten Details wie Musikgeschmack, oder Essensvorlieben geachtet werden.
5 Natürlich sollte das Ganze so unauffällig, wie möglich geschehen.
6 Wenn man dann alle Vorlieben kennt kann man kleine Überraschungen vorbereiten.
7 Achtsamkeit und Rücksicht darauf kommt es an.

In welchem Satz kannst du Kommas setzen, musst es aber nicht? ___________

5 Zwei Ausflüge in die deutsche Lyrik

1 Nach welchen Regeln wurden im folgenden Gedicht von Johann Wolfgang von Goethe (1749 – 1832) Kommas gesetzt? Schreibe jeweils A (Aufzählung), H (Herausstellung) oder S (Satz) hinter den jeweiligen Satz.

Die schöne Nacht

Nun verlass' ich diese Hütte,
Meiner Liebsten Aufenthalt,
Wandle mit verhülltem Schritte
Durch den öden finstern Wald;
Luna bricht durch Busch und Eichen,
Zephyr meldet ihren Lauf,
Und die Birken streun mit Reigen
Ihr den süßten Weihrauch auf.

Wie ergötz' ich mich im Kühlen
Dieser schönen Sommernacht!
O, wie still ist hier zu fühlen,
Was die Seele glücklich macht!
Lässt sich kaum die Wonne fassen;
Und doch wollt' ich, Himmel, dir
Tausend solcher Nächte lassen,
Gäb' mein Mädchen eine mir.

2 Jemand hat aus dem folgenden Gedicht von Joseph von Eichendorff (1788 – 1857) alle Kommas gestrichen. Setze an den richtigen Stellen wieder welche ein.

Neue Liebe

Herz mein Herz warum so fröhlich
so voll Unruh und zerstreut
als käm über Berge selig
schon die schöne Frühlingszeit?

Weil ein liebes Mädchen wieder
herzlich an dein Herz sich drückt
schaust du fröhlich auf und nieder
Erd und Himmel dich erquickt.

Und ich hab die Fenster offen
neu zieh in die Welt hinein
altes Bangen altes Hoffen!
Frühling Frühling soll es sein!

Still kann ich hier nicht mehr bleiben
durch die Brust ein Singen irrt
doch zu licht ist's mir zum Schreiben
und ich bin so froh verwirrt.

Also schlendr' ich durch die Gassen
Menschen gehen her und hin
weiß nicht was ich tu und lasse
nur dass ich so glücklich bin.

6 **Setze das Komma im letzten Satz so, dass der Satz zur folgenden Geschichte passt.**

In der letzten Schulkonferenz wurde erneut das Benehmen der Schülerinnen und Schüler im Unterricht besprochen. Neben den Dingen, die immer wieder beklagt werden, wie freche Äußerungen, fehlende Aufmerksamkeit und schlechte Leistungen, kam bei dieser Besprechung ein neues Problem zutage. Die Schülerinnen und Schüler sind durch ständiges Essen im Unterricht noch stärker abgelenkt als ohnehin. Auch den Müll, den das verursacht, räumen sie nicht ordnungsgemäß weg. Daher beschlossen die Lehrkräfte gemeinsam, eine neue Regel einzuführen. In jedem Klassenzimmer wird entsprechend ein Schild mit der folgenden Aufschrift angebracht:

Wir bitten unsere Schülerinnen und Schüler im Unterricht nicht zu essen.

Wie könnte die Geschichte lauten, wenn man das Komma in der Schildaufschrift an einer anderen Stelle setzt? Schreibe eine solche Geschichte auf. Formuliere dafür mindestens zehn Sätze, in denen insgesamt mindestens zwei Aufzählungen, zwei Herausstellungen und zwei komplexe Sätze enthalten sind.

Kontrolliere im Anschluss, ob du alle Kommas richtig gesetzt hast.

4.4 ARBEITSBLATT FÜR AISHE

1 Setze Kommas an den richtigen Stellen.

1 Das Setzen von Kommas erfordert Konzentration Wissen und Begeisterung dafür anderen die Struktur von Sätzen durch das Setzen von Zeichen transparenter zu gestalten die man sich selbst zuvor erarbeitet hat.
2 Schneller als erwartet kommt schon das nächste Komma.
3 Kommasetzung bedeutet dass ich besser verstanden werde.
4 Wir müssen alles unternehmen um den geistigen Klappspaten zu helfen und ihnen den rechten Weg zu weisen.
5 In Ermangelung einer sinnvollen und befriedigenden Alternative zum Unterricht mit diesen armseligen Gestalten sitze ich hier und folge dem Geschehen weitgehend teilnahmslos.
6 Ich habe echt richtig Lust komplizierte Regeln anzuwenden und wende mich jetzt dieser anregenden Tätigkeit zu.
7 Der W. wurde bestimmt von seiner Mutter aber auch von seinem Vater zu heiß gebadet.
8 Bitte lasst mich in Ruhe oder haltet zumindest eure Klappe.
9 Einmal nicht mit Intelligenzabstinenzlern gemeinsam lernen das wäre mein Traum!
10 Weder meiner Bitte etwas komplexere Beispiele zu verwenden noch dem Wunsch nach Anwendung Übung und Wiederholung der schwierigsten Sachverhalte kam Herr Hobel sicherlich aus falsch verstandener Rücksichtnahme nach.
11 Alpha ist schlauer als Conny denkt.
12 Cèdric denkt schlauer als der W.
13 In Anbetracht der schwierigen ja fast aussichtslosen Situation in der man sich als intelligente und denkende Schülerin befindet ist es fast schon erstaunlich dass man hin und wieder doch noch mal in den Genuss etwas zu lernen kommt ohne dabei gänzlich zu verzweifeln.
14 Ob man nun ein Komma setzt oder nicht ist häufig gar nicht einfach zu beantworten.
15 Trotz des Weggangs in der Schule schon seit vielen Jahren beschäftigter Lehrkräfte ist im Unterricht noch kein Chaos ausgebrochen.

2 Das ist tricky:

Im folgenden Satz können auf zwei verschiedene Weisen Kommas gesetzt werden. Dabei können die entstehenden Sätze aber, je nach Begründung für das Komma, drei Bedeutungen haben. Setze die Kommas und erläutere die Sätze.

1 Conny denkt Cèdric ist schlau.

Bedeutung 1: ____

2 Conny denkt Cèdric ist schlau.

Bedeutung 2: ____

Bedeutung 3: ____

3 Setze Kommas an den richtigen Stellen und erläutere den Unterschied.

1 Kommasetzung ist viel leichter schöner und sinnvoller als mühsames Berechnen irgendwelcher Kurven oder Variablen.
2 Kommasetzung ist viel leichter schöner und sinnvoller als mühsam irgendwelche Kurven oder Variablen zu berechnen.

____

____

4 Ein Ausflug in die deutsche Literatur

Jemand hat aus dem folgenden Satz aus Heinrich von Kleists (1777–1811) *Michael Kohlhaas* alle Kommas rausgestrichen. Setze an den richtigen Stellen wieder welche ein.

Kohlhaas der inzwischen von dem wackern Amtmann zu Kohlhaasenbrück seine Meierei gegen eine geringe Vergütigung des dabei gehabten Schadens käuflich wieder erlangt hatte wünschte wie es scheint wegen gerichtlicher Abmachung dieses Geschäfts Dresden auf einige Tage zu verlassen und in diese seine Heimat zu reisen ein Entschluss an welchem gleichwohl wie wir nicht zweifeln weniger das besagte Geschäft so dringend es auch in der Tat wegen Bestellung der Wintersaat sein mochte als die Absicht unter so sonderbaren und bedenklichen Umständen seine Lage zu prüfen Anteil hatte: zu welchem vielleicht auch noch Gründe anderer Art mitwirkten die wir jedem der in seiner Brust Bescheid weiß zu erraten überlassen wollen.

5 Das ist tricky:

Im folgenden Satz können Kommas in vier unterschiedlichen Varianten richtig gesetzt werden. Setze die Kommas jeweils anders und erläutere die Unterschiede.

1 Karin rät Heidi nicht immer alles zu berichten.

____

2 Karin rät Heidi nicht immer alles zu berichten.

____

3 Karin rät Heidi nicht immer alles zu berichten.

____

4 Karin rät Heidi nicht immer alles zu berichten.

____

6 Im Zweifel für den …

Bei den folgenden Sätzen kannst du den Sinn durch das Setzen eines Kommas erheblich verändern. Setze das Komma, notiere, welcher Regel es folgt, und erläutere den Unterschied.

1 Er will sie nicht.

____

2 Wir empfehlen ihm zu folgen.

____

3 Conny ist einfach anders als Alpha.

____

4 Du hast den schönsten Hintern weit und breit.

____

5 Sie befahl uns zu schlachten.

6 Hör bloß nicht auf Alpha!

Bei den folgenden Sätzen können die Kommas an zwei verschiedenen Stellen gesetzt werden. Erläutere die dabei entstehenden Unterschiede.

1 Ich freue mich besonders wenn die Nelken blühen.

2 Das hilft nicht nur für den Moment.

3 Heirate nicht warten.

4 Özlem erbte den Schmuck nicht aber ihr Mann.

5 Der Polizist erwischte Alpha der bei Rot über die Ampel ging und schimpfte.

Auch in diesem Comic führt das Komma zu einem existenziellen Unterschied. Erläutere.

7 Achtung, Fehler!

Aishe, der letzte Aufsatz von Alpha war echt schlecht. Kannst du mit ihm zusammen in Tandemarbeit die Kommasetzung verbessern? Streicht die falschen Kommas und ergänzt richtige.
Kleiner Tipp: Insgesamt müssen mindestens 14 Kommas im Text sein.

... London, 1889: Sherlock Holmes musste das Geheimnis, der mysteriösen Werwolfangriffe, in der Londoner Innenstadt klären. Weder er noch sein Kumpel, der Doktor zögerten und sie fuhren mit der nächsten Kutsche, einer ~~Draschke Drischke~~ Droschke, mit zwei klapprigen Gäulen ins Zentrum des Geschehens. Dort angekommen erblickten sie ein Bild des Grauens: überall Blut, Knochen, Hirn usw. Der superschlaue Detektiv überlegte, was zu tun sei und holte dann sein hochtechnisiertes Arbeitsgerät hervor, eine langweilige Lupe. Nachdem er also alles untersucht hatte, sagte er zu Watson dass es anscheinend kein so leichter chilliger Fall sein würde. Denn seine ~~Adduktion Öduktiv~~ Obduktion ergab, dass es sich tatsächlich um ~~Beeren~~ Bärenfell am Tatort handle.

4.5 Arbeitsblätter für Herrn Hobel

1 Der längste Satz bei Thomas Mann

Der Romancier Thomas Mann (1875 – 1955) ist bekannt für seine langen Sätze. Der längste Satz ist in seinem Roman *Joseph und seine Brüder* (Band 1). Nach welcher Regel wurden die Kommas gesetzt? Schreiben Sie jeweils den Buchstaben A, H oder S an das entsprechende Komma.

Der junge Joseph zum Beispiel, Jaakobs Sohn und der lieblichen, zu früh gen Westen gegangenen Rahel, Joseph zu seiner Zeit, als Kurigalzu, der Kossäer, zu Babel saß, Herr der vier Gegenden, König von Schumir und Akkad, höchst wohltuend dem Herzen Bel-Marudugs, ein zugleich strenger und üppiger Gebieter, dessen Bartlöckchen so künstlich gereiht erschienen, dass sie einer Abteilung gut ausgerichteter Schildträger glichen; – zu Theben aber, in dem Unterlande, das Joseph ‚Mizraim' oder auch ‚Keme, das Schwarze', zu nennen gewohnt war, seine Heiligkeit der gute Gott, genannt ‚Amun ist zufrieden' und dieses Namens der dritte, der Sonne leiblicher Sohn, zum geblendeten Entzückender Staubgeborenen im Horizont seines Palastes strahlte; als Assur zunahm durch die Kraft seiner Götter und auf der großen Straße am Meere, von Gaza hinauf zu den Pässen des Zederngebirges, königliche Karawanen Höflichkeitskontributionen in Lapislazuli und gestempeltem Golde zwischen den Höfen des Landes der Ströme und dem Pharao's hin und her führten; als man in den Städten der Amoriter zu Beth-San, Ajalon, Ta'anek, Urusalim der Aschtarti diente, zu Sichem und Beth-Lahama das siebentägige Klagen um den Wahrhaften Sohn, den Zerrissenen, erscholl und zu Gebal, der Buchstadt, El angebetet ward, der keines Tempels und Kultus bedurfte: Joseph also, wohnhaft im Distrikte Kenana des Landes, das ägyptisch das Obere Retenu hieß, in seines Vaters von Terebinthen und immergrünen Steineichen beschattetem Familienlager bei Hebron, ein berühmt angenehmer Jüngling, angenehm namentlich in erblicher Nachfolge seiner Mutter, die hübsch und schön gewesen war wie der Mond, wenn er voll ist, und wie Ischtars Stern, wenn er milde im Reinen schwimmt, außerdem aber, vom Vater her, ausgestattet mit Geistesgaben, durch welche er diesen wohl gar in gewissem Sinne noch übertraf, – Joseph denn schließlich (zum fünften und sechsten Mal nennen wir seinen Namen und mit Befriedigung; denn um den Namen steht es geheimnisvoll, und uns ist, als gäbe sein Besitz uns Beschwörerkraft über des Knaben zeitversunkene, doch einst so gesprächig-lebensvolle Person) – Joseph für sein Teil erblickte in einer südbabylonischen Stadtnamens Uru, die er in seiner Mundart ‚Ur Kaschdim', ‚Ur der Chaldäer' zu nennen pflegte, den Anfang aller, das heißt: seiner persönlichen Dinge.

Quelle: Thomas Mann: *Joseph und seine Brüder*, Band 1. Frankfurt/Main: Fischer, 1980, S. 5 f.

2 Aufzählung oder Herausstellung, oder beides? – Das ist hier die Frage!

Unterstreichen Sie im folgenden Ausschnitt aus Heinrich Bölls (1917 – 1985) Erzählung *Wanderer, kommst du nach Spa …* alle Aufzählungen in je einer Farbe und alle Herausstellungen in einer anderen.
Tipp: Manchmal kann es auch beides sein. Unterstreichen Sie dann einfach in beiden Farben.

Auch die große Säule in der Mitte vor dem Treppenaufgang war da, und hinter ihr, lang und schmal, wunderbar gemacht, eine Nachbildung des Parthenonfrieses in Gips, gelblich schimmernd, echt, antik, und alles kam, wie es kommen musste: der griechische Hoplit, bunt und gefährlich, wie ein Hahn sah er aus, gefiedert, und im Treppenhaus selbst, auf der Wand, die hier mit gelber Ölfarbe gestrichen war, da hingen sie alle der Reihe nach: vom Großen Kurfürsten bis Hitler …
Und dort, in dem schmalen kleinen Gang, wo ich endlich wieder für ein paar Schritte gerade auf meiner Bahre lag, da war das besonders schöne, besonders große, besonders bunte Bild des Alten Fritzen mit der himmelblauen Uniform, den strahlenden Augen und dem großen, golden glänzenden Stern auf der Brust.
Wieder lag ich dann schief auf der Bahre und wurde vorbeigetragen an den Rassegesichtern: da war der nordische Kapitän mit dem Adlerblick und dem dummen Mund, die westische Moselanerin, ein bisschen hager und scharf, der ostische Grinser mit der Zwiebelnase und das lange adamsapfelige Bergfilmprofil; und dann kam wieder ein Flur, wieder lag ich für ein paar Schritte gerade auf meiner Bahre, und bevor die Träger in die zweite Treppe hineinschwenkten, sah ich es noch eben: das Kriegerdenkmal mit dem großen, goldenen Eisernen Kreuz obendrauf und dem steinernen Lorbeerkranz. […]
Aber als wir an den Rassegesichtern vorbei waren, kam alles andere: die drei Büsten von Cäsar, Cicero, Marc Aurel, brav nebeneinander, wunderbar nachgemacht, ganz gelb und echt, antik und würdig standen sie an der Wand, und auch die Hermessäule kam, als wir um die Ecke schwenkten, und ganz hinten im Flur – der Flur war hier rosenrot gestrichen – ganz, ganz hinten im Flur hing die große Zeusfratze über dem Eingang zum Zeichensaal; doch die Zeusfratze war noch weit.

Quelle: Heinrich Böll: *Wanderer kommst du nach Spa…* In: *Werke,* Band 4. Köln: Kiepenheuer & Witsch, 2003, S. 54.

3 Zum Abschluss etwas Leichtes

Im folgenden Auszug aus Irmgard Keuns (1905 – 1982) Roman *Das kunstseidene Mädchen* sind leider die Kommas verschwunden. Setzen Sie diese wieder an den richtigen Stellen.

Und es wird mir eine Wohltat sein mal für mich ohne Kommas zu schreiben und richtiges Deutsch – nicht alles so unnatürlich wie im Büro. Und für jedes Komma was fehlt muss ich der Hopfenstange von Rechtsanwalt – Pickel hat er auch und Haut wie meine alte gelbe Ledertasche ohne Reißverschluss – ich schäme mich sie noch in anständiger Gesellschaft zu tragen – solche Haut hat er im Gesicht. Und überhaupt halte ich von Rechtsanwälten nichts – immer happig aufs Geld und reden wie'n Entenpopo und nichts dahinter. Ich lass mir nichts anmerken denn mein Vater ist sowieso arbeitslos und meine Mutter ist am Theater was auch unsicher ist durch die Zeit. Aber ich war bei der Hopfenstange von Rechtsanwalt. Also – ich leg ihm die Briefe vor und bei jedem Komma was fehlt schmeiß ich ihm einen sinnlichen Blick. Und den Krach seh ich kommen denn ich hab keine Lust zu mehr. Aber vier Wochen kann ich sicher noch hinziehn ich sag einfach immer mein Vater wäre so streng und ich müsste abends gleich nach Haus. Aber wenn ein Mann wild wird dann gibt es keine Entschuldigungen – man kennt das. Und er wird wild mit der Zeit wegen meinen sinnlichen Blicken bei fehlenden Kommas. Dabei hat richtige Bildung mit Kommas gar nichts zu tun. Aber fällt mir nicht ein mit ihm und so weiter. Denn ich sagte auch gestern zu Therese die auch auf dem Büro und meine Freundin ist: „Etwas Liebe muss dabei sein wo bleiben sonst die Ideale?"

Quelle: Irmgard Keun: *Das kunstseidene Mädchen.* In: *Das Werk,* Band 1. Göttingen: Wallstein, 2017, S. 233-234.

Unter www.friedrich-verlag.de finden Sie Materialien zum Buch als Download.
Bitte geben Sie den achtstelligen Download-Code in das Suchfeld ein.

DOWNLOAD-CODE: d31568ke

Hinweis:

Das Download-Material enthält das Lösungsheft zu den Arbeitsblättern. Aber nicht schummeln!

Durch den Kauf dieses Buches (ISBN 978-3-7727-1568-6) haben Käufer/Käuferinnen das Recht erworben, das ergänzende Download-Material bei der Verwendung des Arbeitsheftes in der Klasse und zu Hause einzusetzen und zu vervielfältigen. Es können einzelne Seiten ausgedruckt und verteilt oder mit Beamer oder Whiteboard verwendet werden.

Was Sie **nicht** dürfen:

- das Download-Material oder Teile davon an andere Personen weitergeben.
- das Download-Material oder Teile davon in Netzwerke einstellen, wie etwa Schulserver oder Cloud-Systeme, sodass andere Personen darauf Zugriff erhalten.
- die Lizenzinformation und Quellenhinweise auf dem Download-Material entfernen.
- bei einer Bibliotheksausleihe des Arbeitsheftes das Download-Material herunterladen.

Käufer/Käuferinnen tragen damit dazu bei, dass wir weiterhin digitales Ergänzungsmaterial für den Schulgebrauch bereitstellen können. Der Verlag behält sich dabei vor, auch gegen urheberrechtliche Verstöße vorzugehen.

Unsere Autorinnen und Autoren sowie der Verlag wünschen allen Käufern/Käuferinnen viel Erfolg bei der Nutzung der Materialien!

Fragen zum Download? Dann wenden Sie sich bitte an den Leserservice der Friedrich Verlags GmbH. Schreiben Sie uns oder rufen Sie uns an!

Sie erreichen unseren Leserservice
Montag bis Donnerstag von 8 – 18 Uhr
Freitag von 8 – 14 Uhr
Tel.: 0511/40004-150
Fax: 0511/40004-170
E-Mail: *leserservice@friedrich-verlag.de*

Wir freuen uns über Ihre Rückmeldung und helfen Ihnen gerne weiter!